Japanese Hiragana

Essential Writing Practice Workbook
for Beginner and Student

The Workbook Belongs To:

Hiragana syllabary

あ [a]	か [ka]	さ [sa]	た [ta]	な [na]
い [i]	き [ki]	し [shi]	ち [chi]	に [ni]
う [u]	く [ku]	す [su]	つ [tsu]	ぬ [nu]
え [e]	け [ke]	せ [se]	て [te]	ね [ne]
お [o]	こ [ko]	そ [so]	と [to]	の [no]

Hiragana syllabary

は [ha] ま [ma] や [ya] ら [ra] わ [wa]

ひ [hi] み [mi]   り [ri] を [wo]

ふ [fu] む [mu] ゆ [yu] る [ru] ん [n]

へ [he] め [me]   れ [re]

ほ [ho] も [mo] よ [yo] ろ [ro]

[a]

あ

あ

あ あ あ あ あ あ あ あ あ あ あ あ

| あ | あ | あ | あ | あ | あ | あ | あ | あ | あ | あ | あ |

| あ | あ | あ | あ | あ | あ | あ | あ | あ | あ | あ | あ |

| あ | あ | あ | あ | あ | あ | あ | あ | あ | あ | あ | あ |

| あ | あ | あ | あ | あ | あ | あ | あ | あ | あ | あ | あ |

| あ | あ | あ | あ | あ | あ | あ | あ | あ | あ | あ | あ |

| | | | | | | | | | | | |

| | | | | | | | | | | | |

| | | | | | | | | | | | |

| | | | | | | | | | | | |

| | | | | | | | | | | | |

| | | | | | | | | | | | |

あ あ あ あ あ あ あ あ あ あ あ あ

あ あ あ あ あ あ あ あ あ あ あ あ

[i]

い	い	い	い	い	い	い	い	い	い	い	い
い	い	い	い	い	い	い	い	い	い	い	い
い	い	い	い	い	い	い	い	い	い	い	い
い	い	い	い	い	い	い	い	い	い	い	い
い	い	い	い	い	い	い	い	い	い	い	い

| い | い | い | い | い | い | い | い | い | い | い | い |

[u]

う

う	う	う	う	う	う	う	う	う	う	う	う

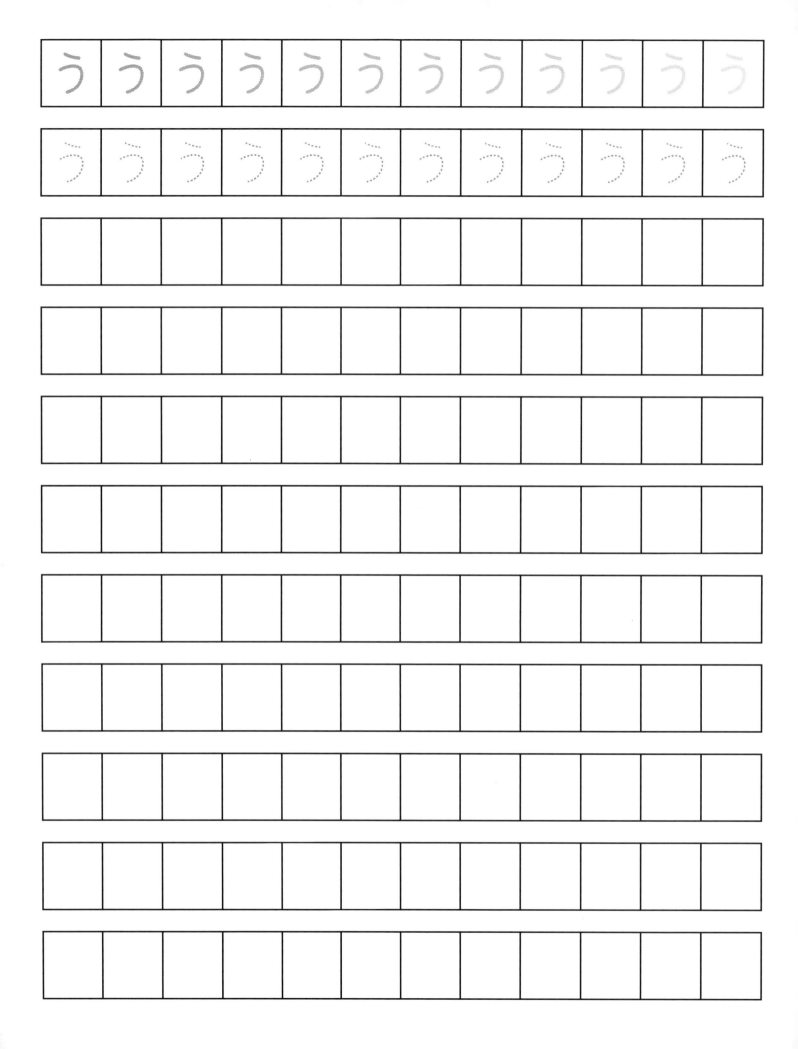

[e]

え え え え え え え え え え え え え

| え | え | え | え | え | え | え | え | え | え | え | え |

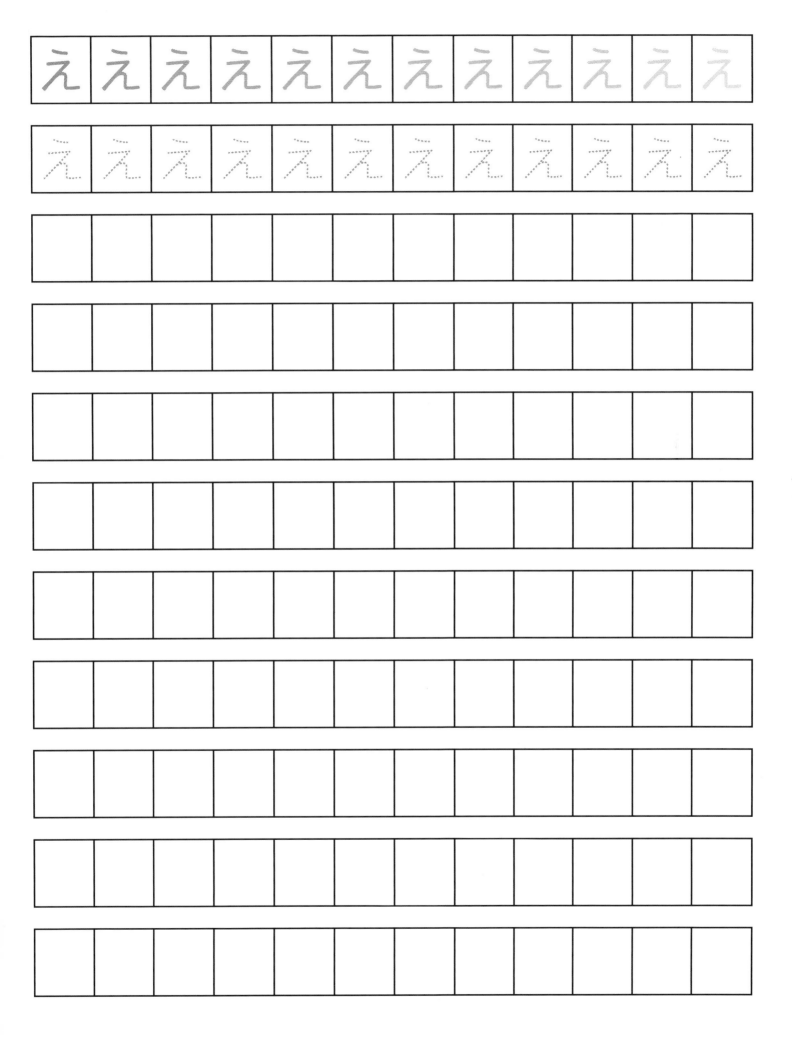

[o]

1 2 3

1 → 2 3

お

お お お お お お お お お お お お

お お お お お お お お お お お お

お お お お お お お お お お お お

お	お	お	お	お	お	お	お	お	お	お	お
お	お	お	お	お	お	お	お	お	お	お	お
お	お	お	お	お	お	お	お	お	お	お	お
お	お	お	お	お	お	お	お	お	お	お	お
お	お	お	お	お	お	お	お	お	お	お	お

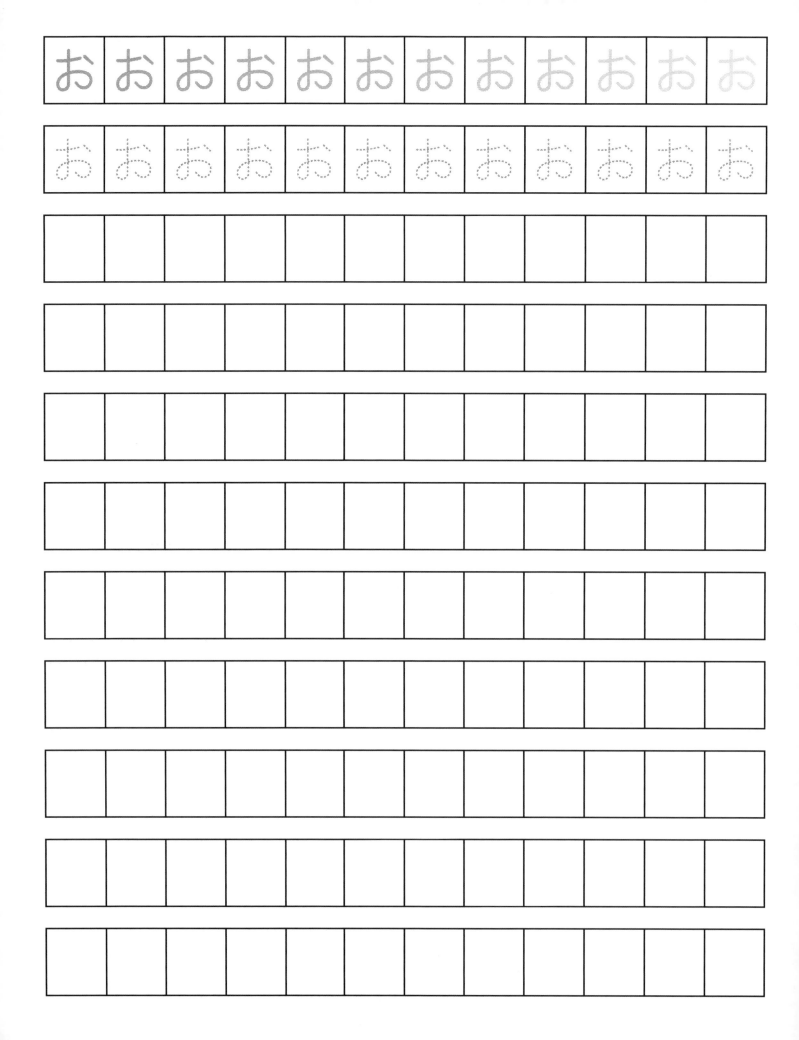

[ka]

か か か か か か か か か か か

か か か か か か か か か か か

か か か か か か か か か か か

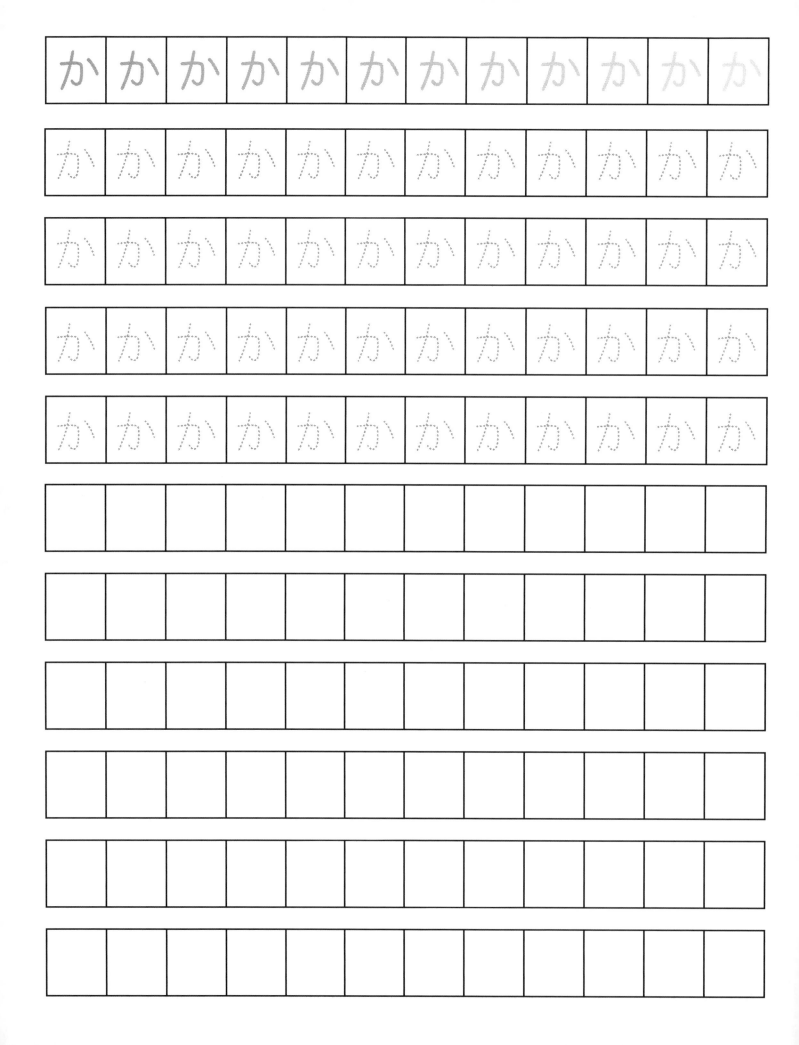

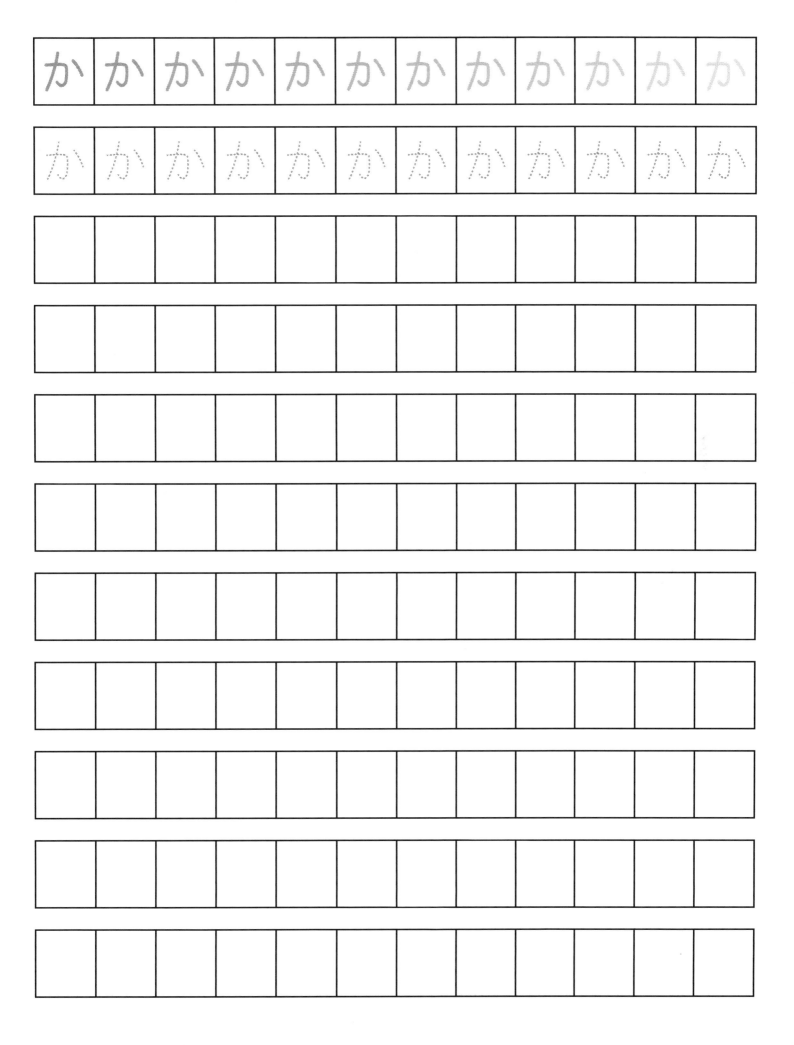

[ki]

き き き き き き き き き き き き

き	き	き	き	き	き	き	き	き	き	き	き
さ	さ	さ	さ	さ	さ	さ	さ	さ	さ	さ	さ
さ	さ	さ	さ	さ	さ	さ	さ	さ	さ	さ	さ
さ	さ	さ	さ	さ	さ	さ	さ	さ	さ	さ	さ
さ	さ	さ	さ	さ	さ	さ	さ	さ	さ	さ	さ

き	き	き	き	き	き	き	き	き	き	き	き
き	き	き	き	き	き	き	き	き	き	き	き

[ku]

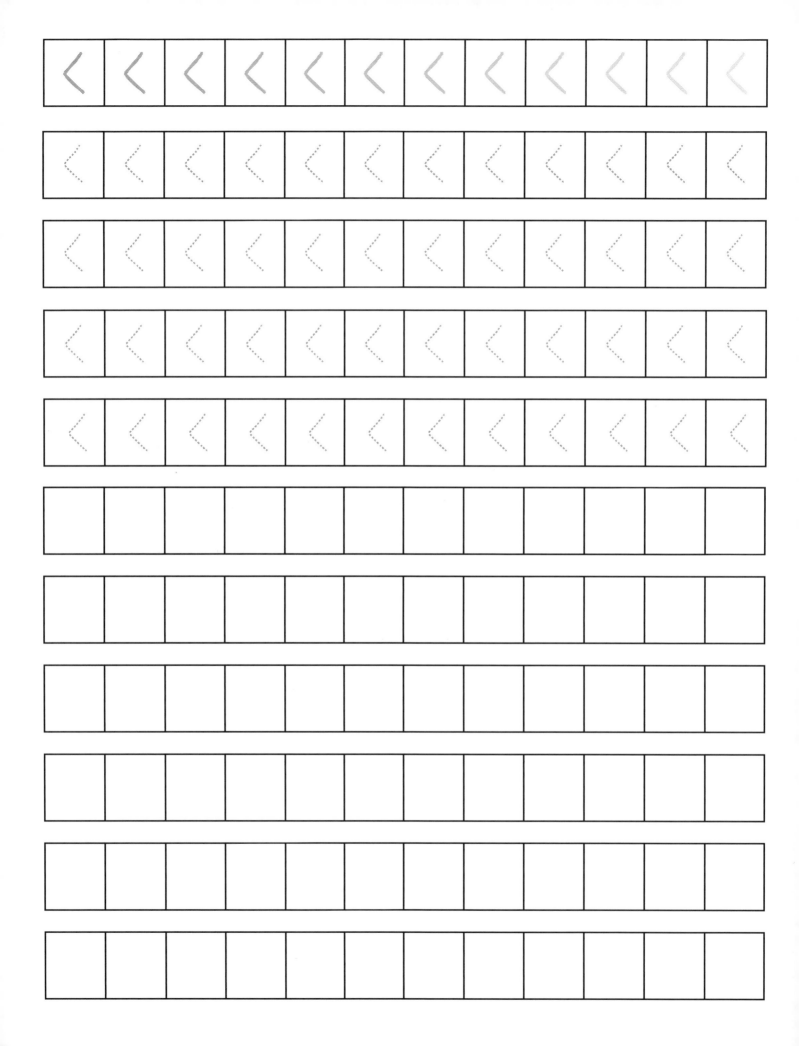

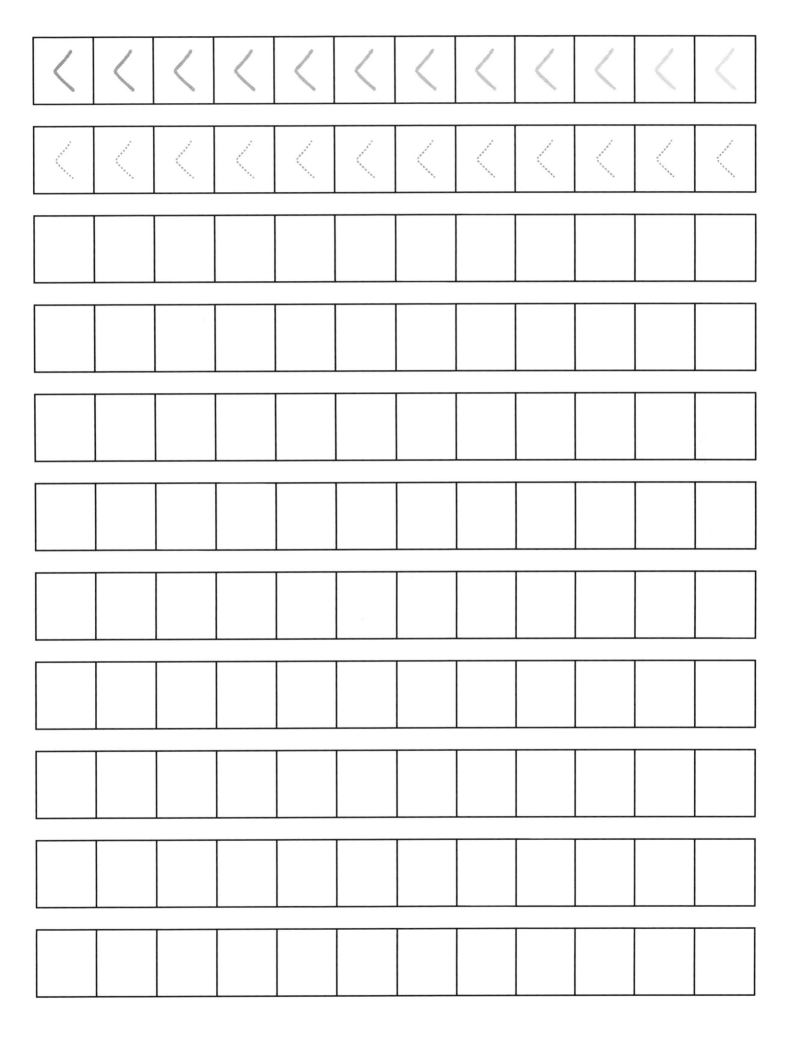

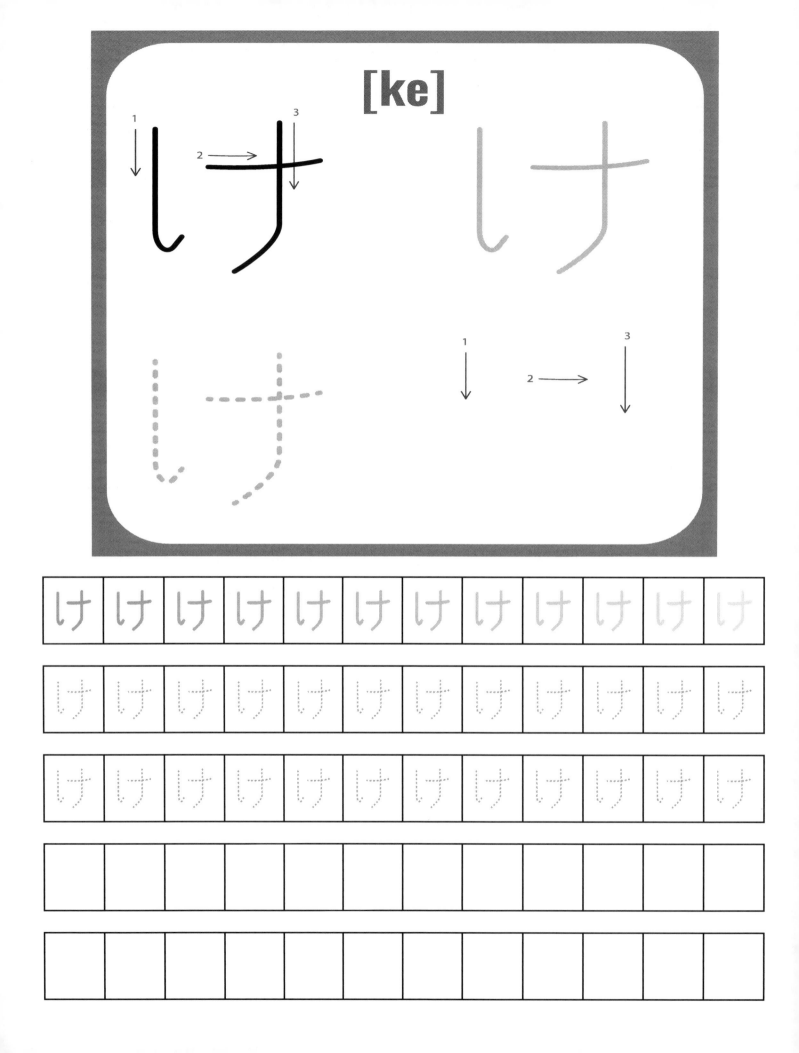

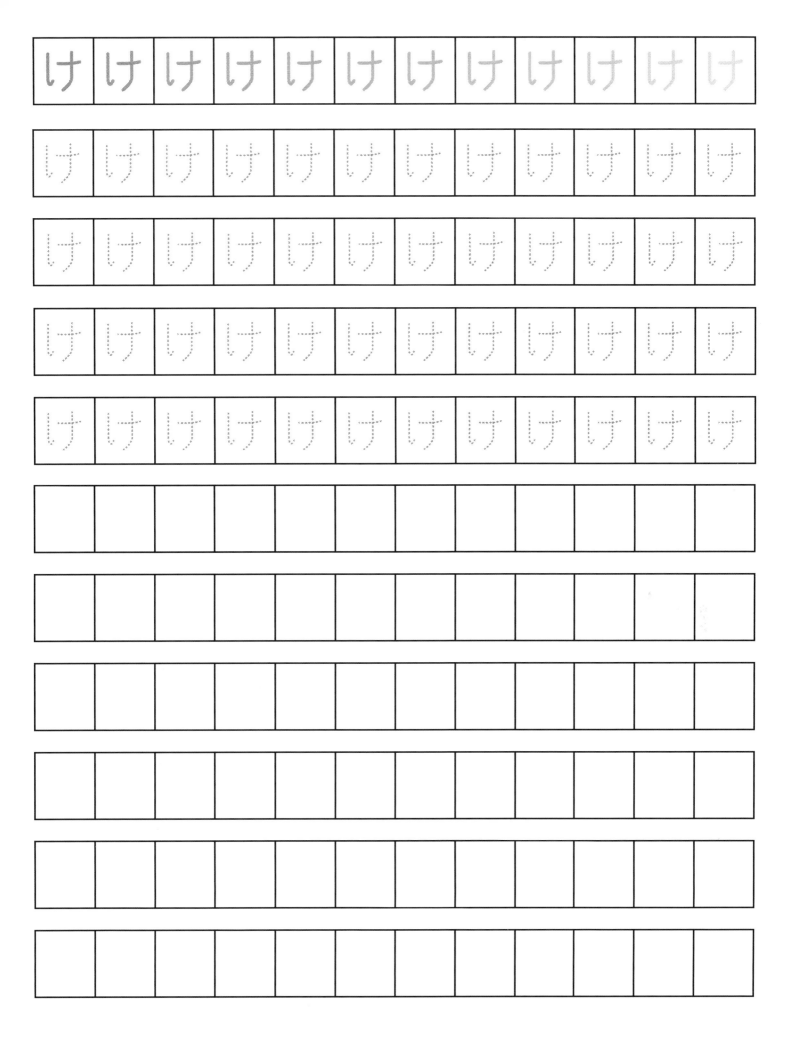

| け | け | け | け | け | け | け | け | け | け | け | け |

[ko]

[sa]

さ	さ	さ	さ	さ	さ	さ	さ	さ	さ	さ	さ
さ	さ	さ	さ	さ	さ	さ	さ	さ	さ	さ	さ
さ	さ	さ	さ	さ	さ	さ	さ	さ	さ	さ	さ
さ	さ	さ	さ	さ	さ	さ	さ	さ	さ	さ	さ
さ	さ	さ	さ	さ	さ	さ	さ	さ	さ	さ	さ

さ	さ	さ	さ	さ	さ	さ	さ	さ	さ	さ	さ
さ	さ	さ	さ	さ	さ	さ	さ	さ	さ	さ	さ

[shi]

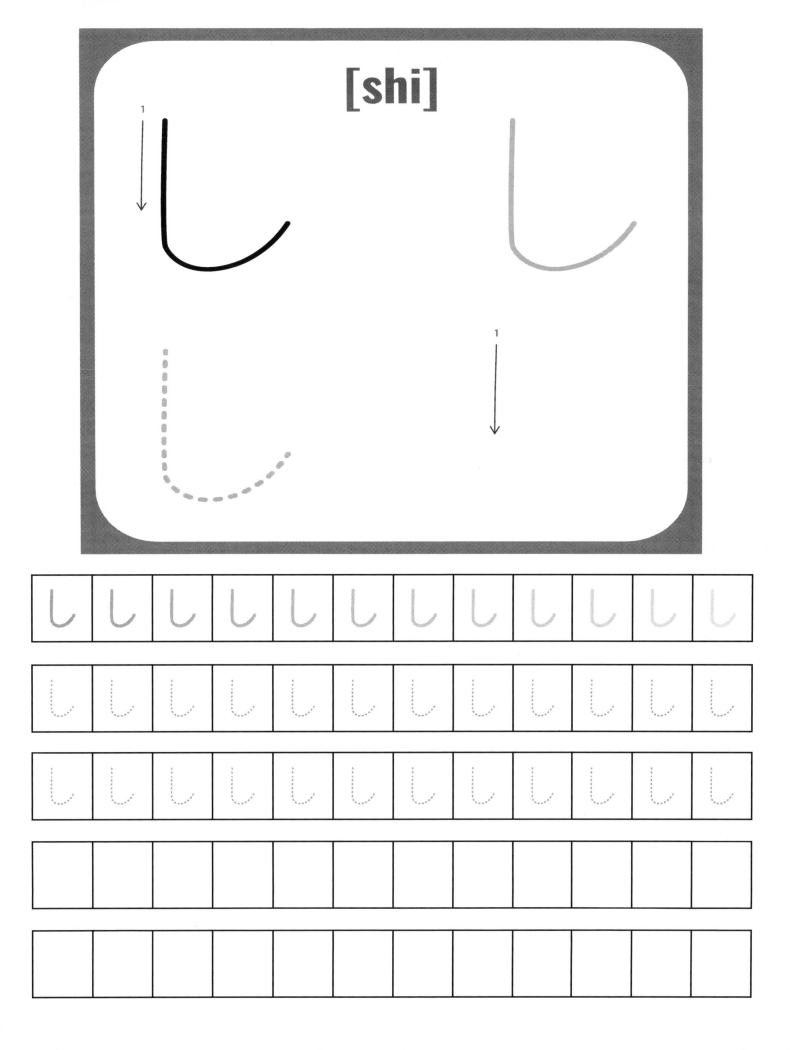

ᒑ ᒑ ᒑ ᒑ ᒑ ᒑ ᒑ ᒑ ᒑ ᒑ ᒑ ᒑ

ᒑ ᒑ ᒑ ᒑ ᒑ ᒑ ᒑ ᒑ ᒑ ᒑ ᒑ ᒑ

ᒑ ᒑ ᒑ ᒑ ᒑ ᒑ ᒑ ᒑ ᒑ ᒑ ᒑ ᒑ

ᒑ ᒑ ᒑ ᒑ ᒑ ᒑ ᒑ ᒑ ᒑ ᒑ ᒑ ᒑ

ᒑ ᒑ ᒑ ᒑ ᒑ ᒑ ᒑ ᒑ ᒑ ᒑ ᒑ ᒑ

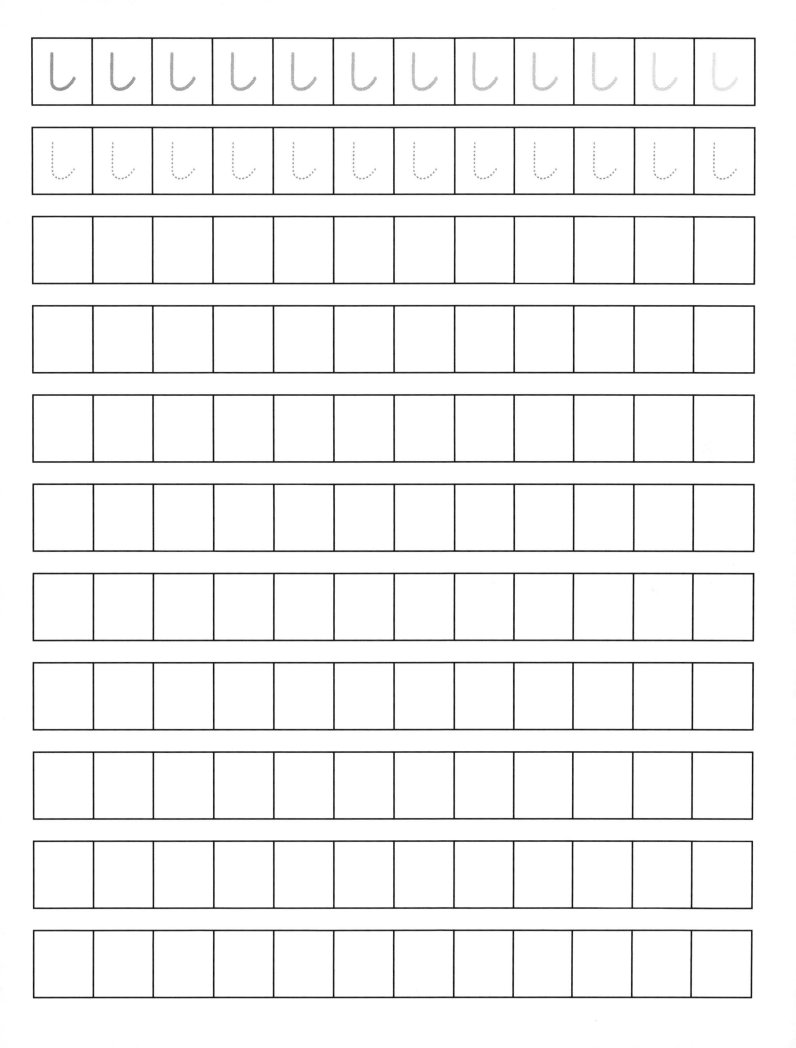

[su]

す

す	す	す	す	す	す	す	す	す	す	す	す

す	す	す	す	す	す	す	す	す	す	す	す

す	す	す	す	す	す	す	す	す	す	す	す

す	す	す	す	す	す	す	す	す	す	す	す

す	す	す	す	す	す	す	す	す	す	す	す

| す | す | す | す | す | す | す | す | す | す | す | す |

[se]

せ せ せ せ せ せ せ せ せ せ せ せ せ

せ せ せ せ せ せ せ せ せ せ せ せ

せ せ せ せ せ せ せ せ せ せ せ せ

せ	せ	せ	せ	せ	せ	せ	せ	せ	せ	せ	せ
せ	せ	せ	せ	せ	せ	せ	せ	せ	せ	せ	せ
せ	せ	せ	せ	せ	せ	せ	せ	せ	せ	せ	せ
せ	せ	せ	せ	せ	せ	せ	せ	せ	せ	せ	せ
せ	せ	せ	せ	せ	せ	せ	せ	せ	せ	せ	せ

せ	せ	せ	せ	せ	せ	せ	せ	せ	せ	せ	せ
せ	せ	せ	せ	せ	せ	せ	せ	せ	せ	せ	せ

[so]

そ そ そ そ そ そ そ そ そ そ そ そ

そ	そ	そ	そ	そ	そ	そ	そ	そ	そ	そ	そ	そ
そ	そ	そ	そ	そ	そ	そ	そ	そ	そ	そ	そ	そ

[ta]

た

た	た	た	た	た	た	た	た	た	た	た	た
た	た	た	た	た	た	た	た	た	た	た	た
た	た	た	た	た	た	た	た	た	た	た	た
た	た	た	た	た	た	た	た	た	た	た	た
た	た	た	た	た	た	た	た	た	た	た	た

た	た	た	た	た	た	た	た	た	た	た	た
た	た	た	た	た	た	た	た	た	た	た	た

[chi]

ち ち ち ち ち ち ち ち ち ち ち ち

ち ち ち ち ち ち ち ち ち ち ち ち

ち ち ち ち ち ち ち ち ち ち ち ち

ち	ち	ち	ち	ち	ち	ち	ち	ち	ち	ち	ち
ち	ち	ち	ち	ち	ち	ち	ち	ち	ち	ち	ち
ち	ち	ち	ち	ち	ち	ち	ち	ち	ち	ち	ち
ち	ち	ち	ち	ち	ち	ち	ち	ち	ち	ち	ち
ち	ち	ち	ち	ち	ち	ち	ち	ち	ち	ち	ち

ち	ち	ち	ち	ち	ち	ち	ち	ち	ち	ち	ち
ち	ち	ち	ち	ち	ち	ち	ち	ち	ち	ち	ち

[tsu]

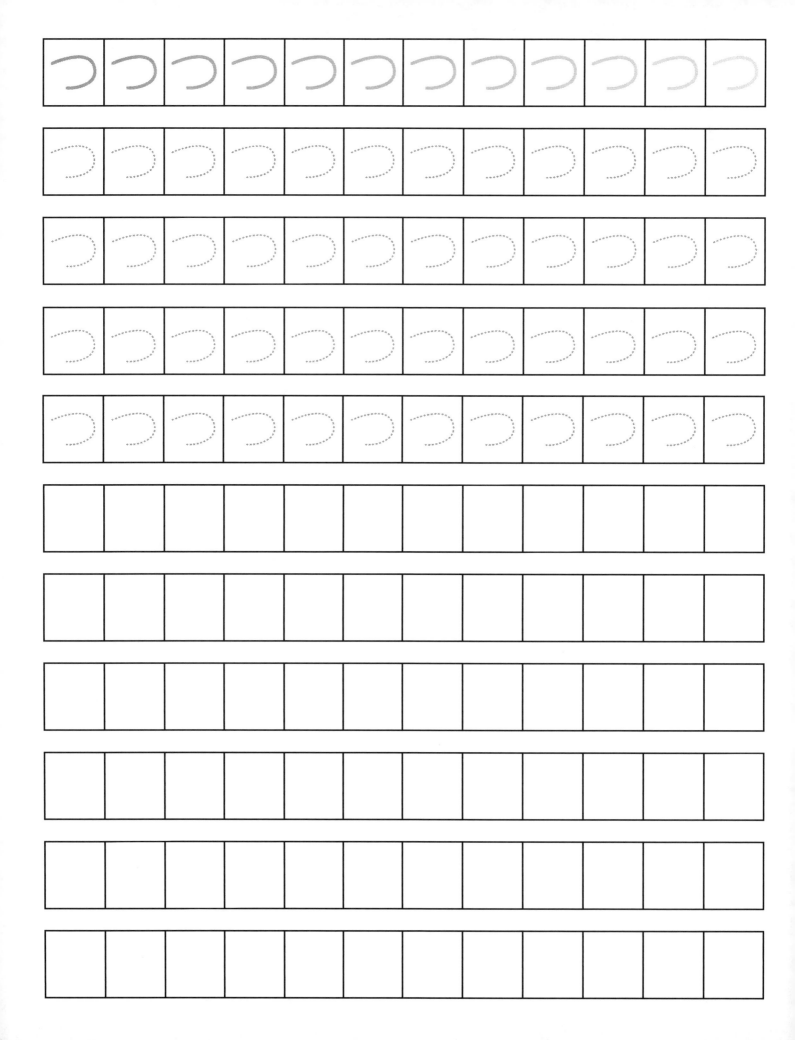

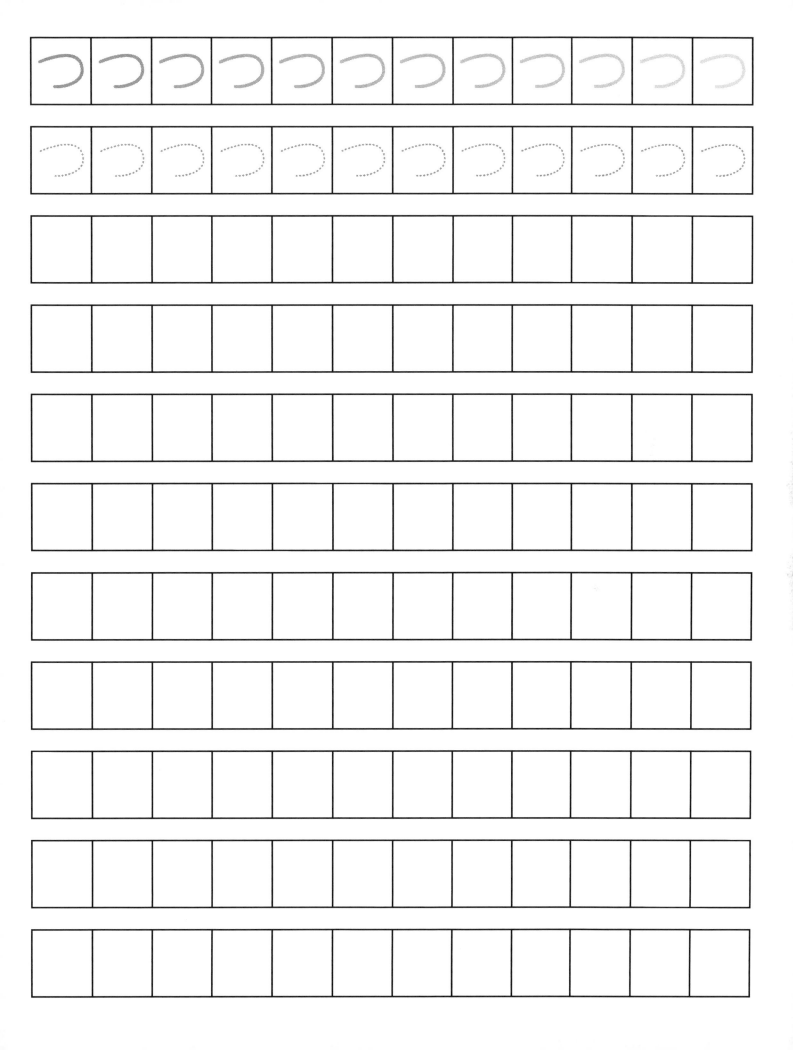

[te]

て て て て て て て て て て て て

て て て て て て て て て て て て

て て て て て て て て て て て て

て	て	て	て	て	て	て	て	て	て	て	て
て	て	て	て	て	て	て	て	て	て	て	て
て	て	て	て	て	て	て	て	て	て	て	て
て	て	て	て	て	て	て	て	て	て	て	て
て	て	て	て	て	て	て	て	て	て	て	て

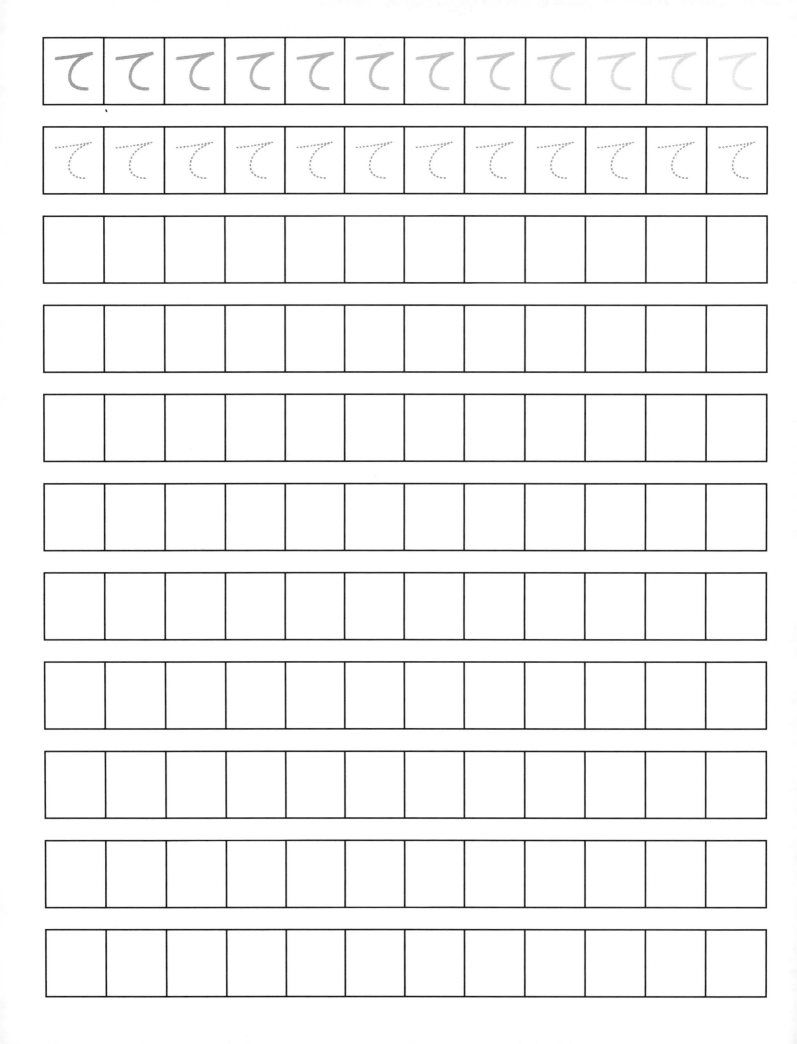

[to]

と と と と と と と と と と と と

と と と と と と と と と と と と

と と と と と と と と と と と と

と と と と と と と と と と と と

と と と と と と と と と と と と

と と と と と と と と と と と と

と と と と と と と と と と と と

と と と と と と と と と と と と

| と | と | と | と | と | と | と | と | と | と | と | と |

[na]

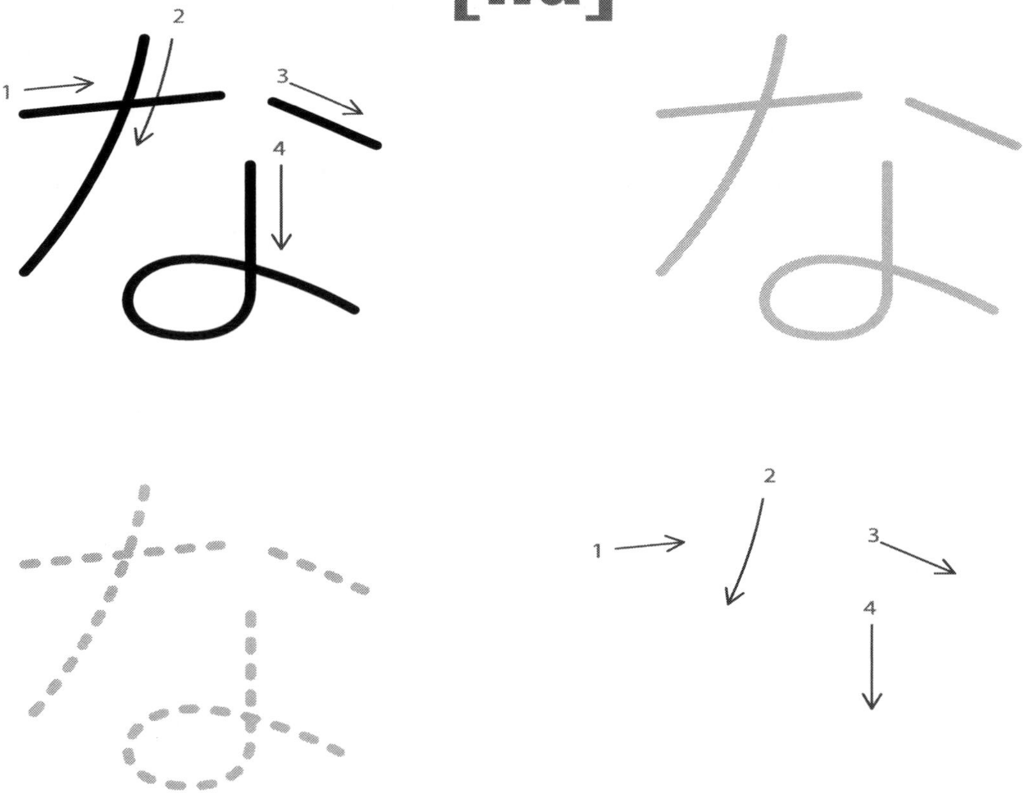

な	な	な	な	な	な	な	な	な	な	な	な
な	な	な	な	な	な	な	な	な	な	な	な
な	な	な	な	な	な	な	な	な	な	な	な

な	な	な	な	な	な	な	な	な	な	な	な

な	な	な	な	な	な	な	な	な	な	な	な

な	な	な	な	な	な	な	な	な	な	な	な

な	な	な	な	な	な	な	な	な	な	な	な

な	な	な	な	な	な	な	な	な	な	な	な

な	な	な	な	な	な	な	な	な	な	な	な
な	な	な	な	な	な	な	な	な	な	な	な

[ni]

に に に に に に に に に に に に に

に に に に に に に に に に に に に

に に に に に に に に に に に に に

に	に	に	に	に	に	に	に	に	に	に	に
に	に	に	に	に	に	に	に	に	に	に	に
に	に	に	に	に	に	に	に	に	に	に	に
に	に	に	に	に	に	に	に	に	に	に	に
に	に	に	に	に	に	に	に	に	に	に	に

| に | に | に | に | に | に | に | に | に | に | に | に |

[nu]

| ぬ | ぬ | ぬ | ぬ | ぬ | ぬ | ぬ | ぬ | ぬ | ぬ | ぬ | ぬ |
| ぬ | ぬ | ぬ | ぬ | ぬ | ぬ | ぬ | ぬ | ぬ | ぬ | ぬ | ぬ |

[ne]

ね

ね	ね	ね	ね	ね	ね	ね	ね	ね	ね	ね	ね
ね	ね	ね	ね	ね	ね	ね	ね	ね	ね	ね	ね
ね	ね	ね	ね	ね	ね	ね	ね	ね	ね	ね	ね
ね	ね	ね	ね	ね	ね	ね	ね	ね	ね	ね	ね
ね	ね	ね	ね	ね	ね	ね	ね	ね	ね	ね	ね

ね	ね	ね	ね	ね	ね	ね	ね	ね	ね	ね	ね
ね	ね	ね	ね	ね	ね	ね	ね	ね	ね	ね	ね

[no]

の の の の の の の の の の の の

の の の の の の の の の の の の

[ha]

は は

は

は は は は は は は は は は は は

は は は は は は は は は は は は は

は は は は は は は は は は は は は

は	は	は	は	は	は	は	は	は	は	は	は
は	は	は	は	は	は	は	は	は	は	は	は
は	は	は	は	は	は	は	は	は	は	は	は
は	は	は	は	は	は	は	は	は	は	は	は
は	は	は	は	は	は	は	は	は	は	は	は

は	は	は	は	は	は	は	は	は	は	は	は
は	は	は	は	は	は	は	は	は	は	は	は

[hi]

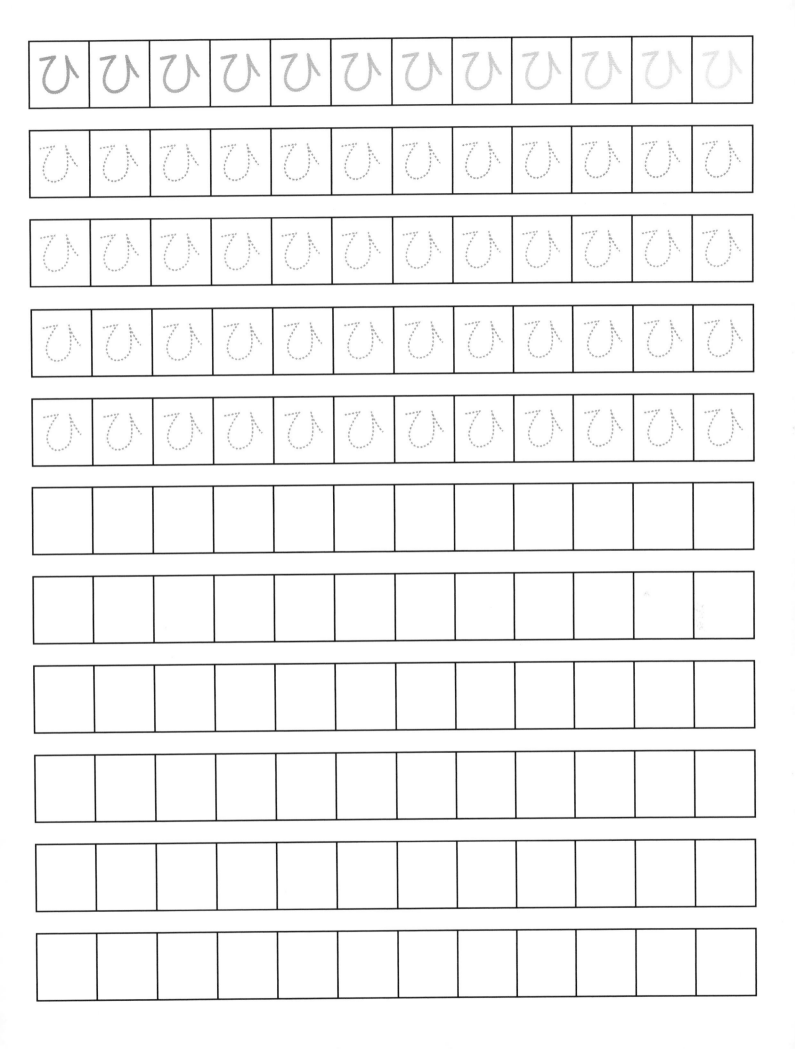

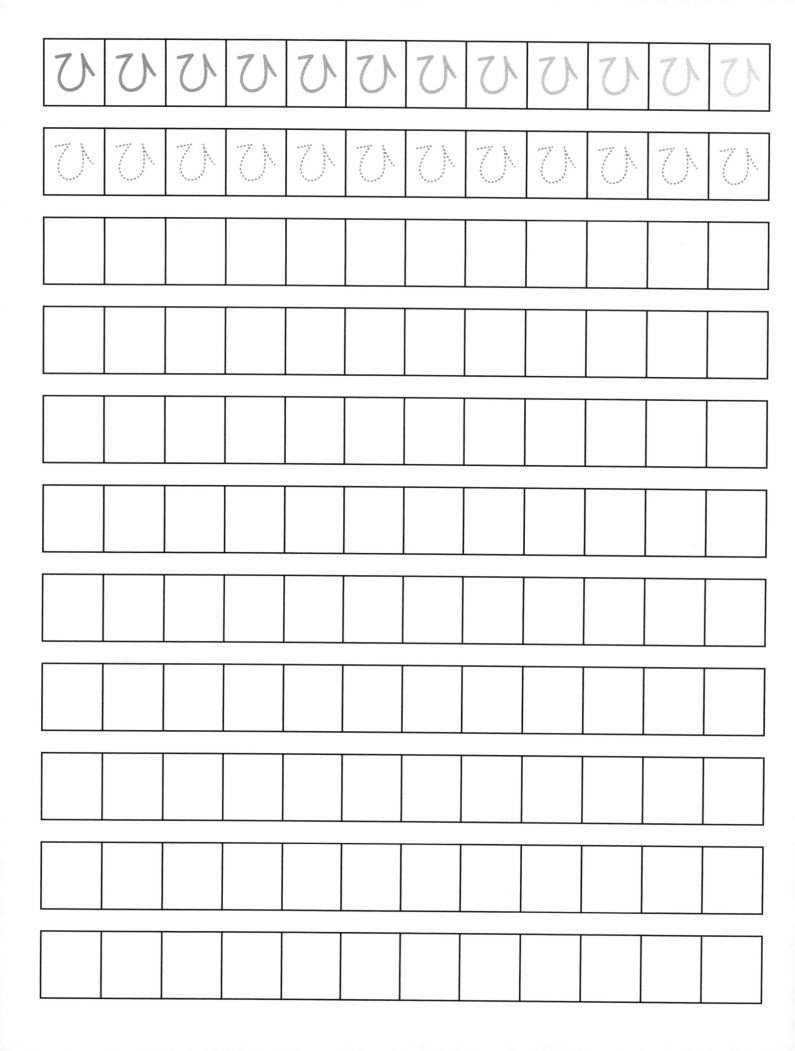

[fu]

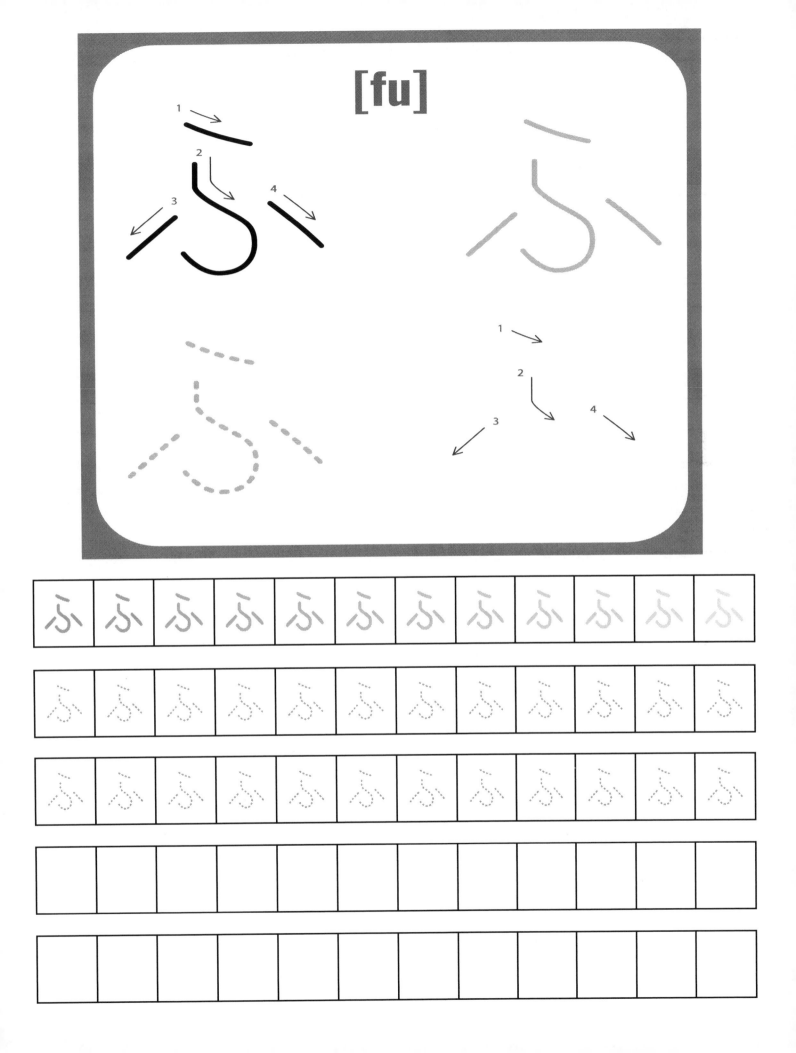

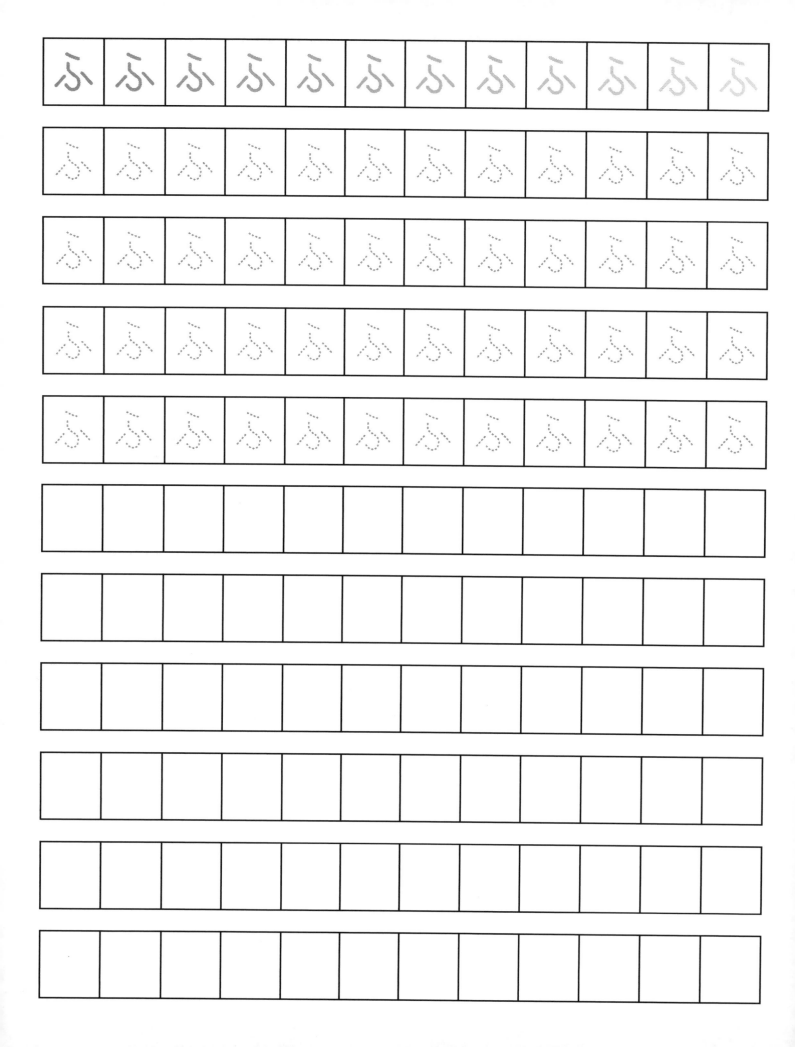

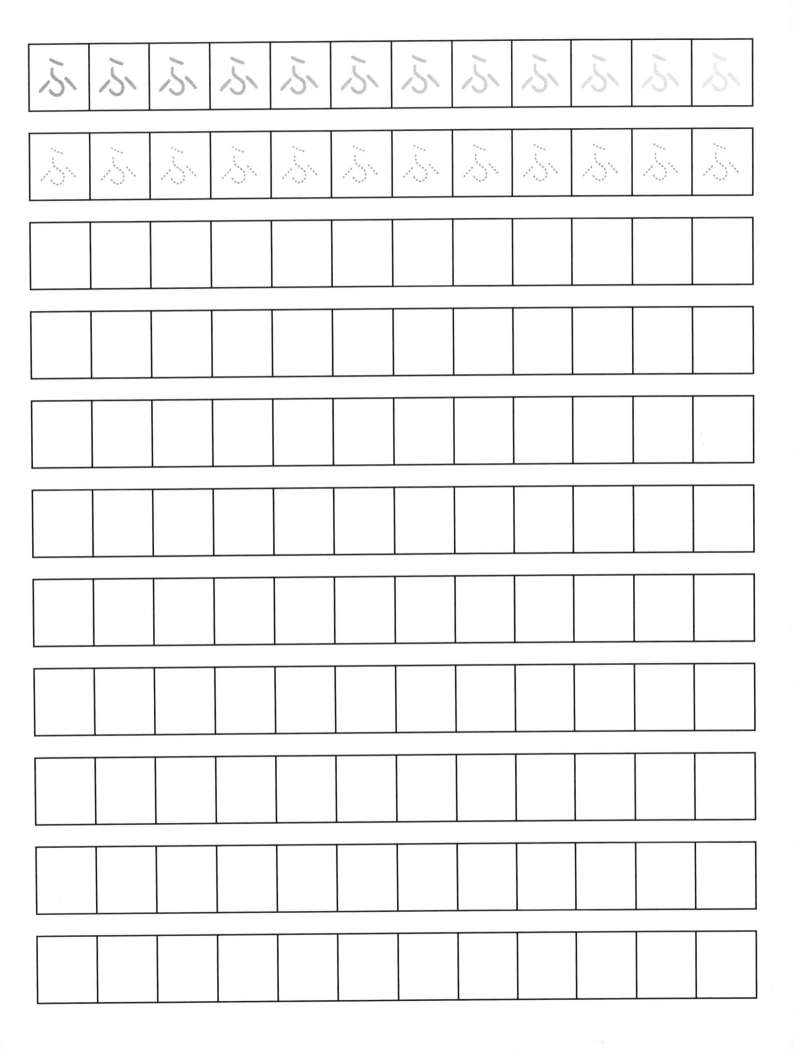

[he]

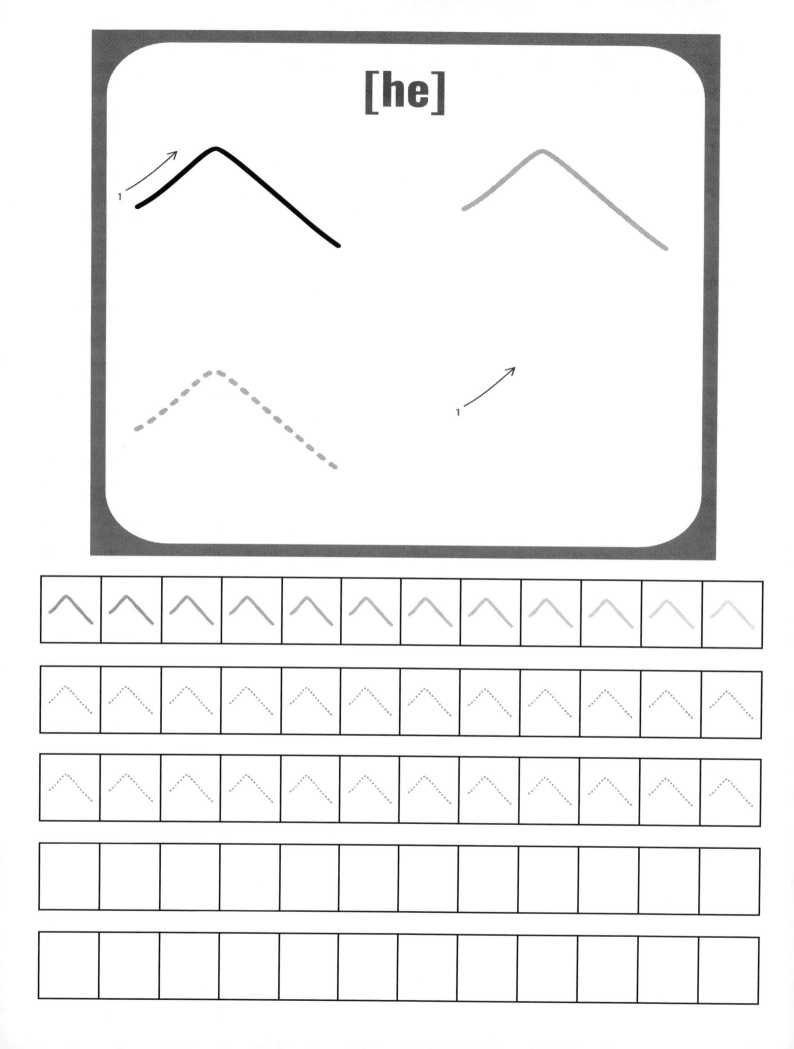

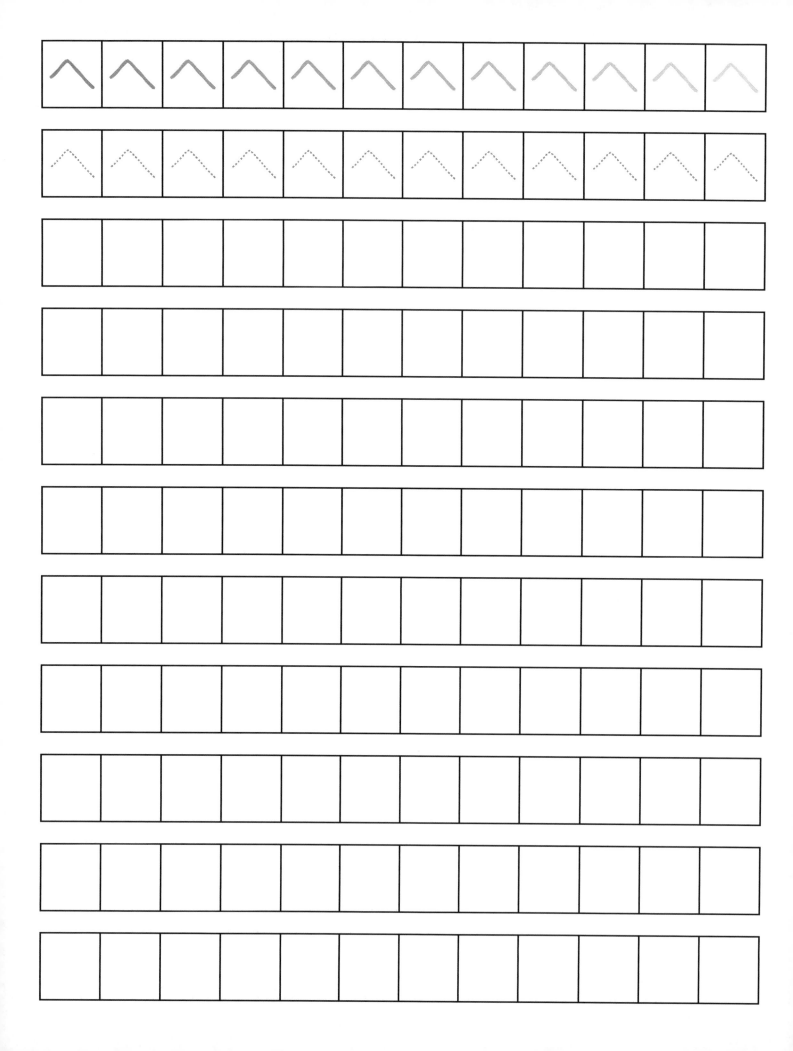

[ho]

ほ ほ

ほ

ほ ほ ほ ほ ほ ほ ほ ほ ほ ほ ほ ほ

ほ ほ ほ ほ ほ ほ ほ ほ ほ ほ ほ ほ

ほ ほ ほ ほ ほ ほ ほ ほ ほ ほ ほ ほ

ほ	ほ	ほ	ほ	ほ	ほ	ほ	ほ	ほ	ほ	ほ	ほ
ほ	ほ	ほ	ほ	ほ	ほ	ほ	ほ	ほ	ほ	ほ	ほ
ほ	ほ	ほ	ほ	ほ	ほ	ほ	ほ	ほ	ほ	ほ	ほ
ほ	ほ	ほ	ほ	ほ	ほ	ほ	ほ	ほ	ほ	ほ	ほ
ほ	ほ	ほ	ほ	ほ	ほ	ほ	ほ	ほ	ほ	ほ	ほ

ほ	ほ	ほ	ほ	ほ	ほ	ほ	ほ	ほ	ほ	ほ	ほ
ほ	ほ	ほ	ほ	ほ	ほ	ほ	ほ	ほ	ほ	ほ	ほ

[ma]

ま ま ま ま ま ま ま ま ま ま ま ま

ま ま ま ま ま ま ま ま ま ま ま ま

ま ま ま ま ま ま ま ま ま ま ま ま

ま	ま	ま	ま	ま	ま	ま	ま	ま	ま	ま	ま
ま	ま	ま	ま	ま	ま	ま	ま	ま	ま	ま	ま
ま	ま	ま	ま	ま	ま	ま	ま	ま	ま	ま	ま
ま	ま	ま	ま	ま	ま	ま	ま	ま	ま	ま	ま
ま	ま	ま	ま	ま	ま	ま	ま	ま	ま	ま	ま

ま	ま	ま	ま	ま	ま	ま	ま	ま	ま	ま	ま
ま	ま	ま	ま	ま	ま	ま	ま	ま	ま	ま	ま

[mi]

み み み み み み み み み み み み

み み み み み み み み み み み み

み み み み み み み み み み み み

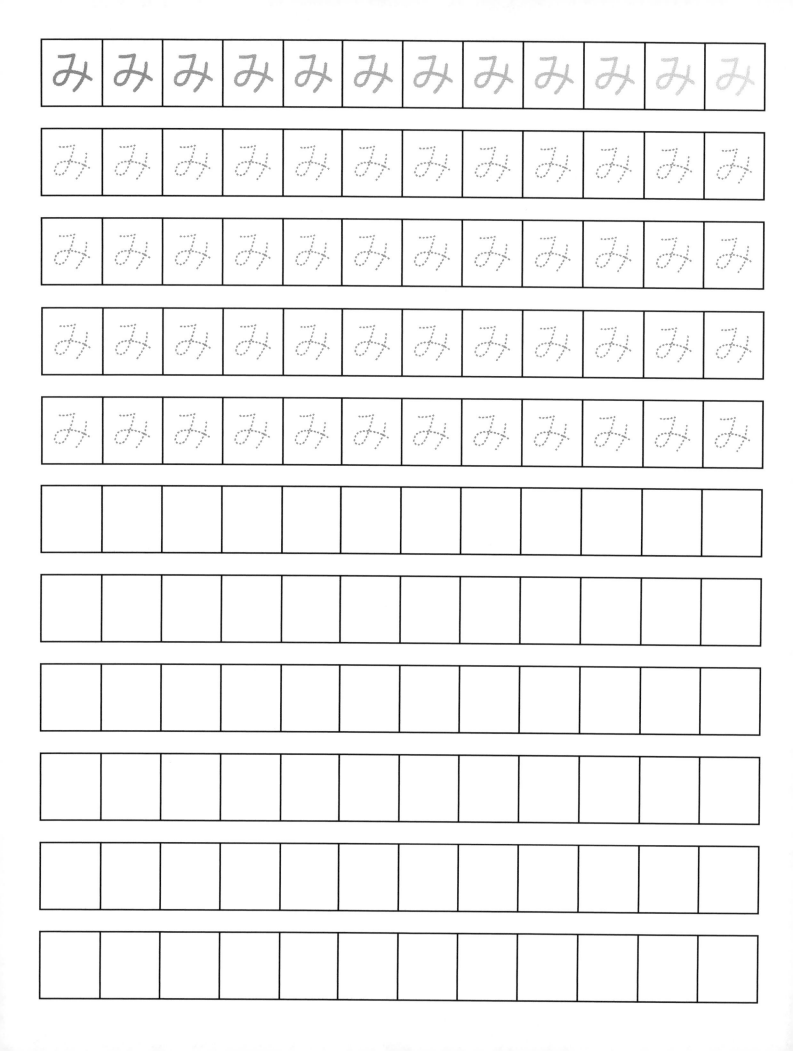

み	み	み	み	み	み	み	み	み	み	み	み

み	み	み	み	み	み	み	み	み	み	み	み

[mu]

む む む む む む む む む む む む

む む む む む む む む む む む む

む む む む む む む む む む む む

む	む	む	む	む	む	む	む	む	む	む	む

む	む	む	む	む	む	む	む	む	む	む	む

む	む	む	む	む	む	む	む	む	む	む	む

む	む	む	む	む	む	む	む	む	む	む	む

む	む	む	む	む	む	む	む	む	む	む	む

| む | む | む | む | む | む | む | む | む | む | む | む |

[me]

| め | め | め | め | め | め | め | め | め | め | め | め |

[mo]

も

も

も

| も | も | も | も | も | も | も | も | も | も | も | も |

| も | も | も | も | も | も | も | も | も | も | も | も |

| も | も | も | も | も | も | も | も | も | も | も | も |

も	も	も	も	も	も	も	も	も	も	も	も
も	も	も	も	も	も	も	も	も	も	も	も
も	も	も	も	も	も	も	も	も	も	も	も
も	も	も	も	も	も	も	も	も	も	も	も
も	も	も	も	も	も	も	も	も	も	も	も

| も | も | も | も | も | も | も | も | も | も | も | も |

| も | も | も | も | も | も | も | も | も | も | も | も |

[ya]

や

や	や	や	や	や	や	や	や	や	や	や	や
や	や	や	や	や	や	や	や	や	や	や	や
や	や	や	や	や	や	や	や	や	や	や	や
や	や	や	や	や	や	や	や	や	や	や	や
や	や	や	や	や	や	や	や	や	や	や	や

やややややややややややや

ややややややややややや

[yu]

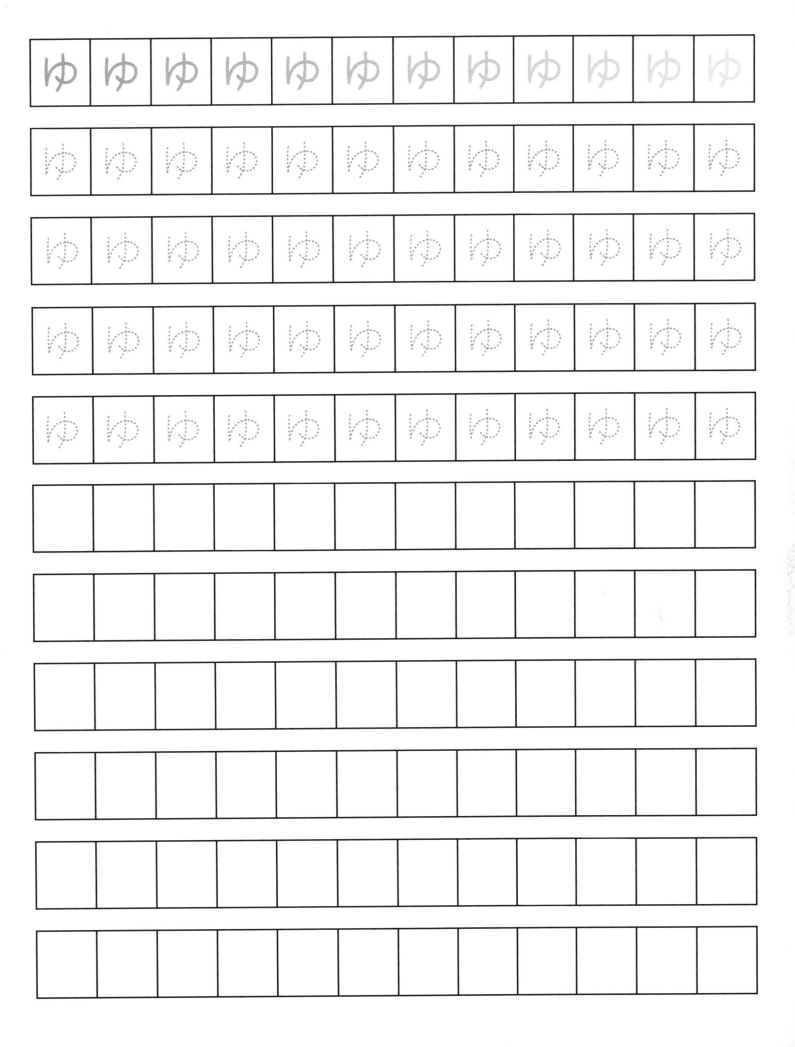

| ゆ | ゆ | ゆ | ゆ | ゆ | ゆ | ゆ | ゆ | ゆ | ゆ | ゆ | ゆ |
| ゆ | ゆ | ゆ | ゆ | ゆ | ゆ | ゆ | ゆ | ゆ | ゆ | ゆ | ゆ |

[yo]

よ

よ	よ	よ	よ	よ	よ	よ	よ	よ	よ	よ	よ
よ	よ	よ	よ	よ	よ	よ	よ	よ	よ	よ	よ
よ	よ	よ	よ	よ	よ	よ	よ	よ	よ	よ	よ
よ	よ	よ	よ	よ	よ	よ	よ	よ	よ	よ	よ
よ	よ	よ	よ	よ	よ	よ	よ	よ	よ	よ	よ

よ	よ	よ	よ	よ	よ	よ	よ	よ	よ	よ	よ
よ	よ	よ	よ	よ	よ	よ	よ	よ	よ	よ	よ

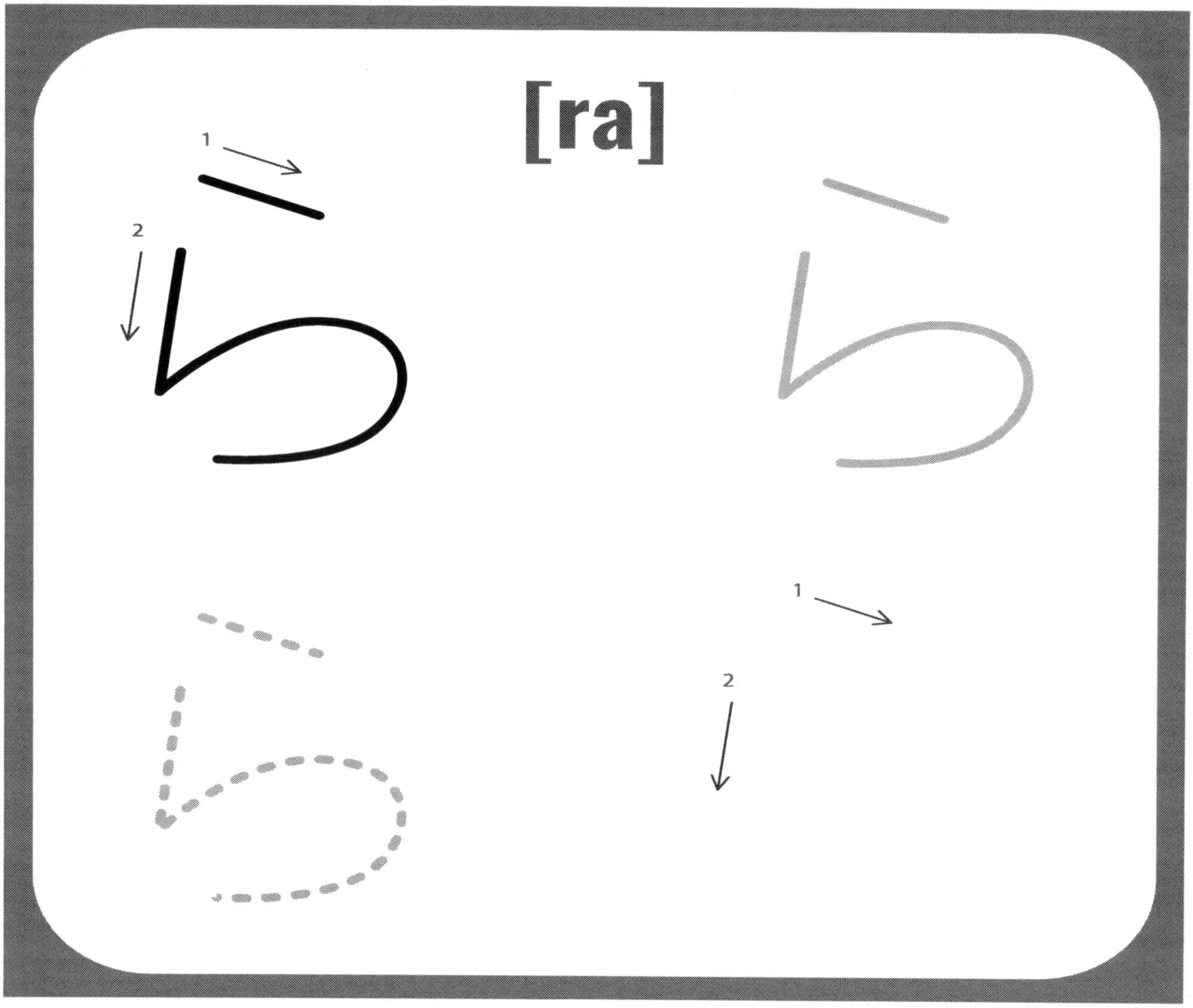

ら	ら	ら	ら	ら	ら	ら	ら	ら	ら	ら	ら
ら	ら	ら	ら	ら	ら	ら	ら	ら	ら	ら	ら
ら	ら	ら	ら	ら	ら	ら	ら	ら	ら	ら	ら

らららららららららららら
らららららららららららら
らららららららららららら
らららららららららららら
らららららららららららら

| ら | ら | ら | ら | ら | ら | ら | ら | ら | ら | ら | ら |

| ら | ら | ら | ら | ら | ら | ら | ら | ら | ら | ら | ら |

[ri]

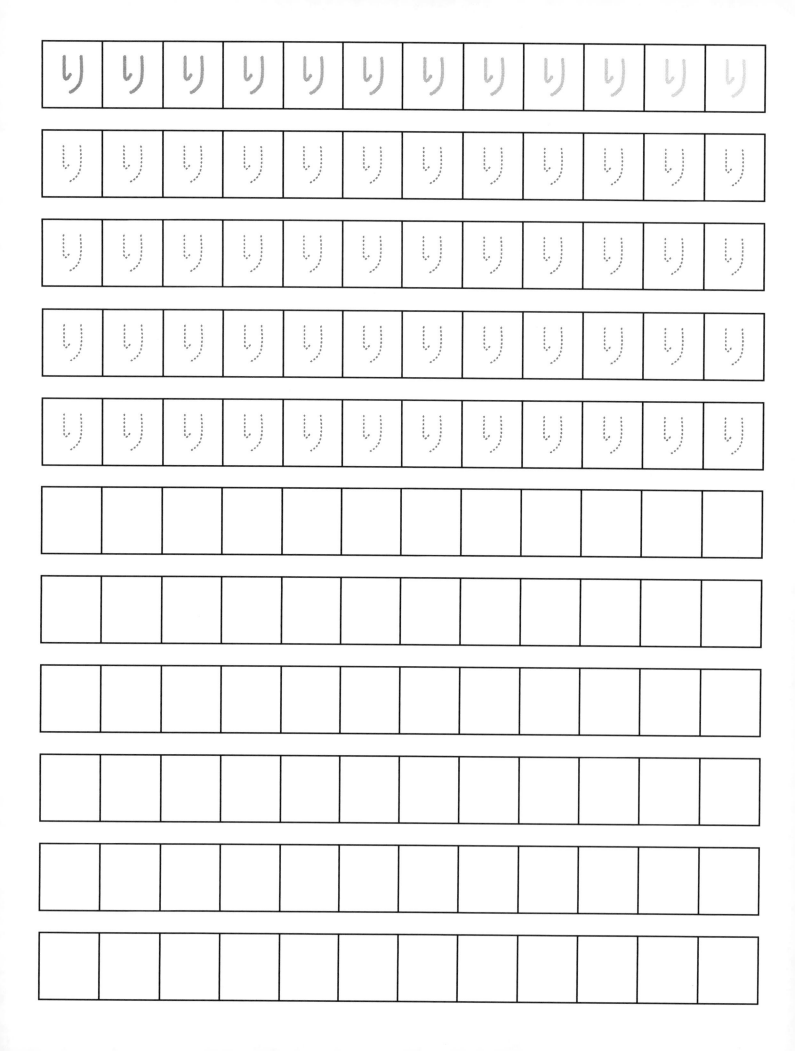

り	り	り	り	り	り	り	り	り	り	り	り
り	り	り	り	り	り	り	り	り	り	り	り

[ru]

る

る	る	る	る	る	る	る	る	る	る	る	る

る	る	る	る	る	る	る	る	る	る	る	る

る	る	る	る	る	る	る	る	る	る	る	る

る	る	る	る	る	る	る	る	る	る	る	る

る	る	る	る	る	る	る	る	る	る	る	る

る	る	る	る	る	る	る	る	る	る	る	る
る	る	る	る	る	る	る	る	る	る	る	る

[re]

れ	れ	れ	れ	れ	れ	れ	れ	れ	れ	れ	れ
れ	れ	れ	れ	れ	れ	れ	れ	れ	れ	れ	れ
れ	れ	れ	れ	れ	れ	れ	れ	れ	れ	れ	れ
れ	れ	れ	れ	れ	れ	れ	れ	れ	れ	れ	れ
れ	れ	れ	れ	れ	れ	れ	れ	れ	れ	れ	れ

れ れ れ れ れ れ れ れ れ れ れ れ

れ れ れ れ れ れ れ れ れ れ れ れ

[ro]

ろ ろ ろ ろ ろ ろ ろ ろ ろ ろ ろ ろ

ろ	ろ	ろ	ろ	ろ	ろ	ろ	ろ	ろ	ろ	ろ	ろ
ろ	ろ	ろ	ろ	ろ	ろ	ろ	ろ	ろ	ろ	ろ	ろ

[wa]

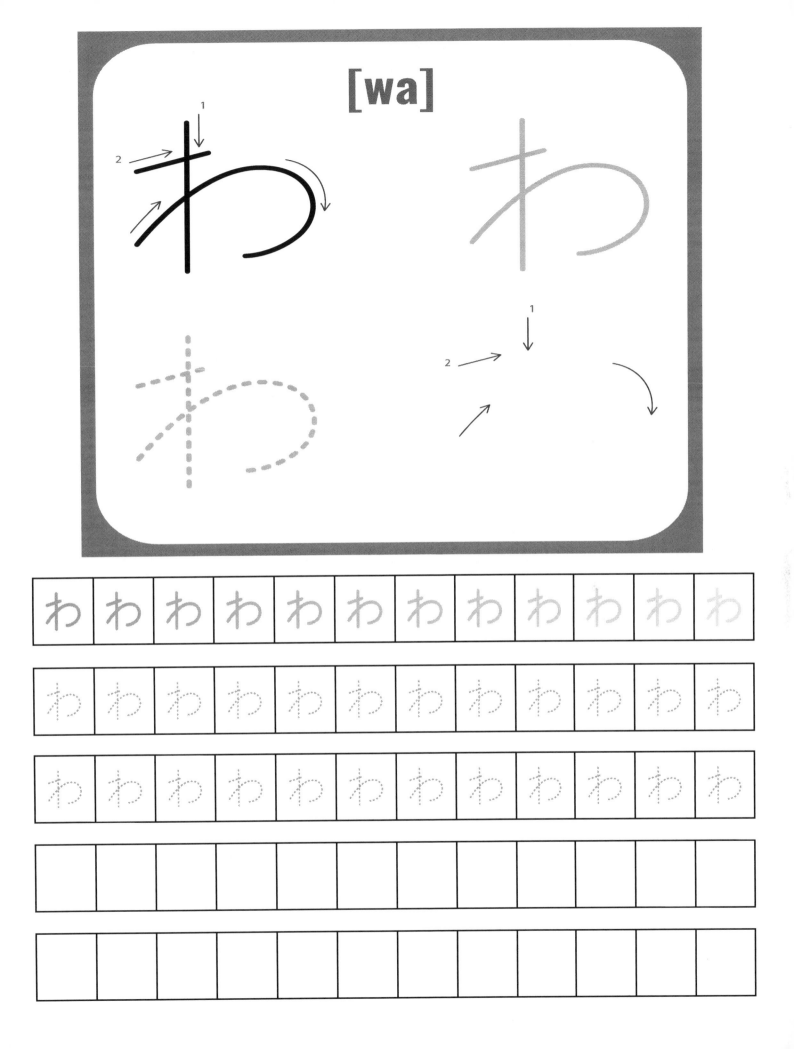

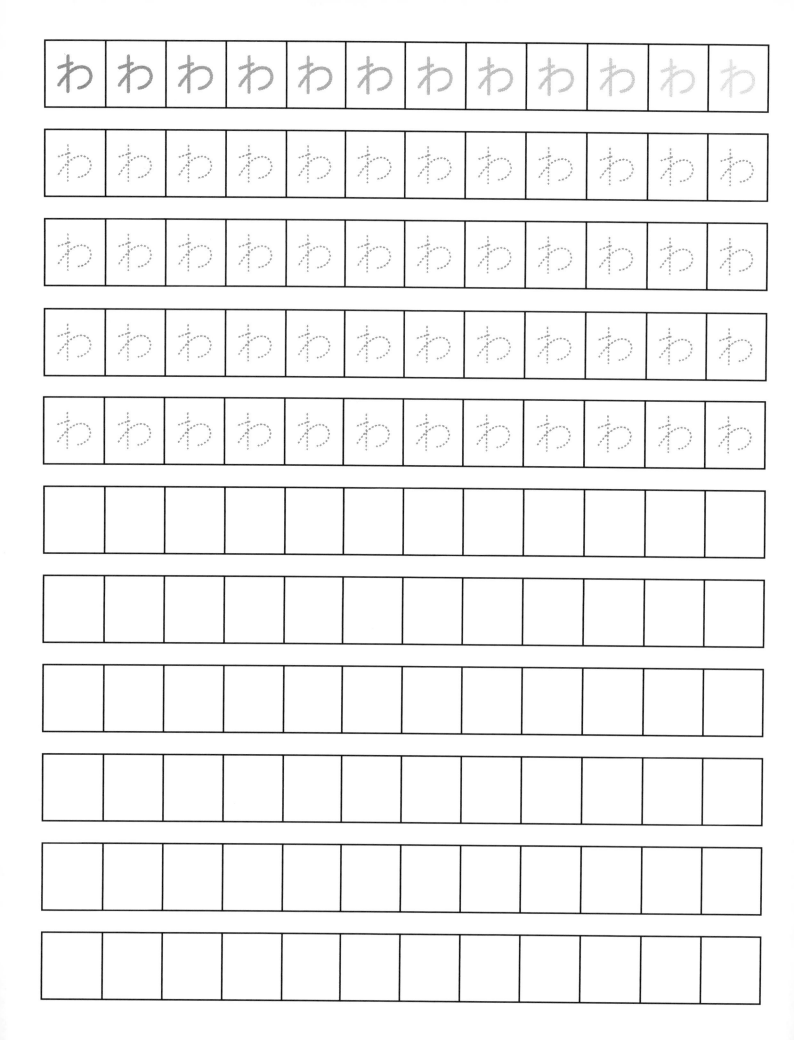

わ わ わ わ わ わ わ わ わ わ わ わ

わ わ わ わ わ わ わ わ わ わ わ わ

[wo]

を を を を を を を を を を を を

を を を を を を を を を を を を

を を を を を を を を を を を を

| を | を | を | を | を | を | を | を | を | を | を | を |

を	を	を	を	を	を	を	を	を	を	を	を
を	を	を	を	を	を	を	を	を	を	を	を

[n]

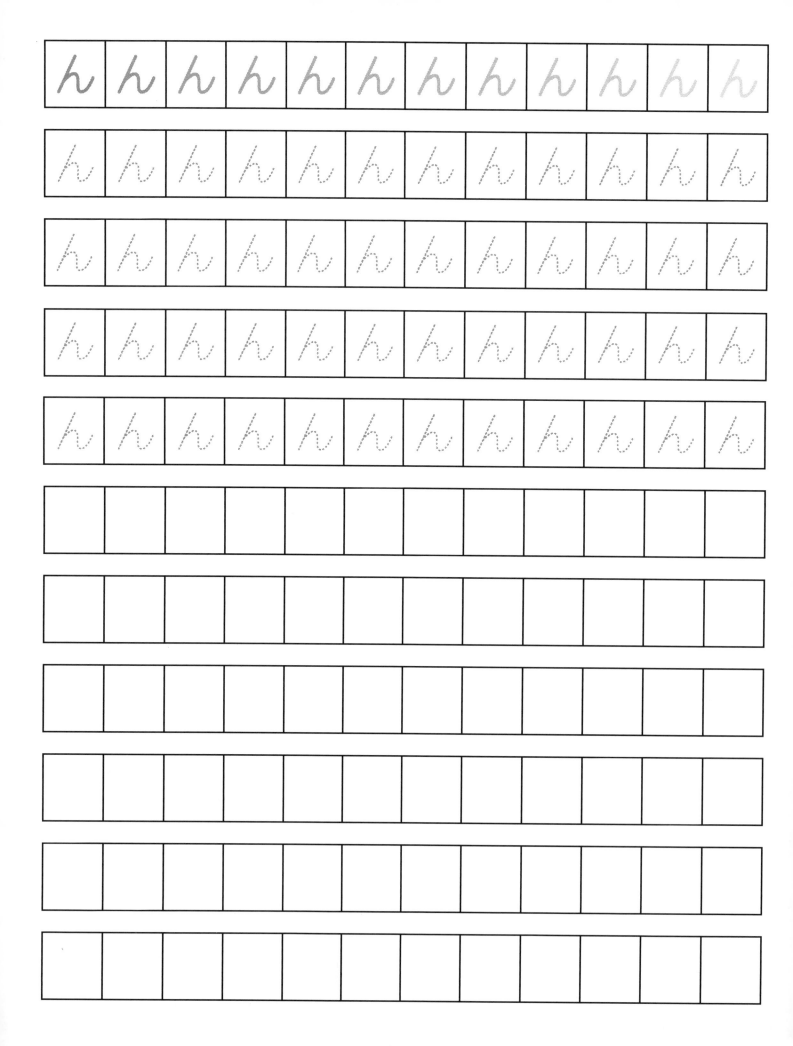

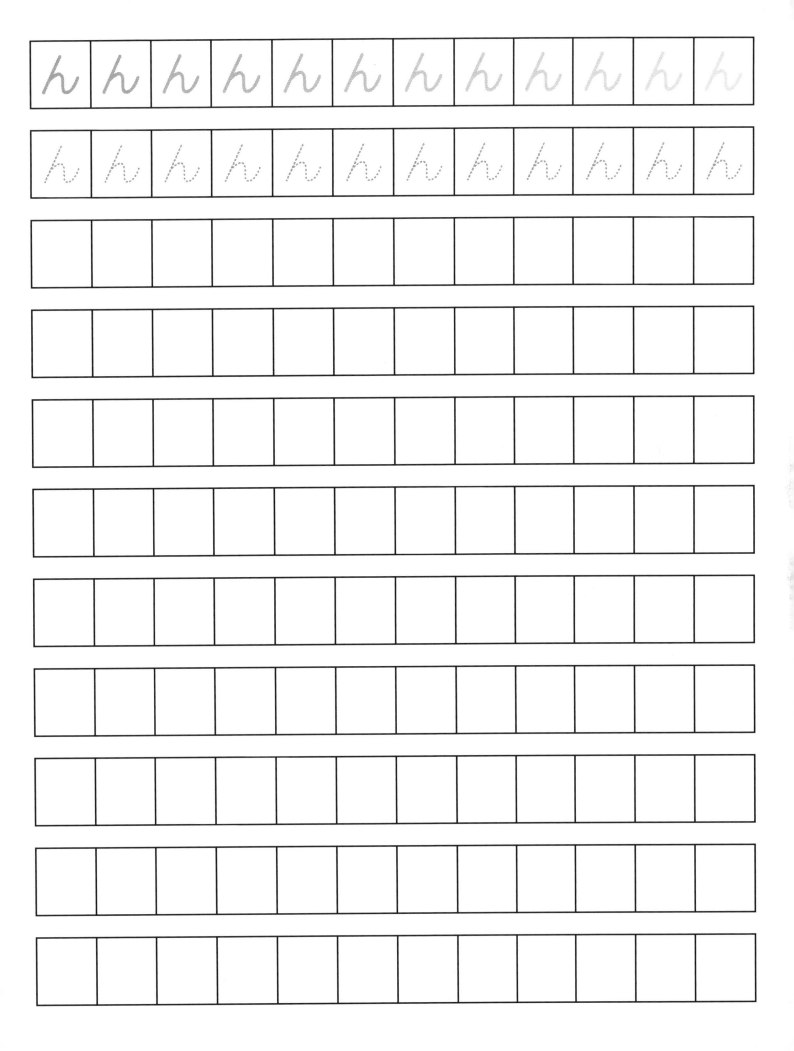

Made in the USA
Lexington, KY
27 February 2019